AF359933

GRANDE EXPOSITION

DE

CUIRS ET PEAUX

HALLE AUX CUIRS DE PARIS

(ÉTABLISSEMENT MUNICIPAL)

GRANDE EXPOSITION

DE

CUIRS ET PEAUX

DES

FABRICANTS FRANÇAIS & ÉTRANGERS

(Tannerie, Corroierie, Mégisserie, Hongroierie, Maroquinerie)

NOTICE

ET

Compte-Rendu de l'Exposition

1867

PARIS

IMPRIMERIE CH SCHILLER, 10, FAUBOURG MONTMARTRE

1867

EXPOSITION

DE

CUIRS & PEAUX

Année 1867

Nous publions aujourd'hui un aperçu de notre Exposition de la *Halle aux Cuirs*, la première en ce genre qui ait été inaugurée, depuis la création de cet établissement.

Cette Exposition se lie, en effet, d'une manière intime, aux destinées du nouvel établissement municipal qui remplace l'ancienne Halle. A des besoins nouveaux doivent correspondre des institutions nouvelles ; telle est la loi du progrès.

En faisant appel à tous les fabricants français et étrangers, pour leur demander des échantillons de leurs produits ; en tenant à leur disposition une vaste salle, où ces mêmes échantillons devaient être exposés aux regards d'un public appréciateur, quelle a été notre intention ? Faire d'abord une application manifeste et pratique des principes de liberté commerciale, et donner ensuite aux fabricants, en général, des facilités, pour mettre en évidence leurs produits et, au besoin, les écouler.

Car il importe qu'on le sache bien : la nouvelle *Halle aux Cuirs* n'est autre chose qu'un marché ouvert à tous, un centre où tous les intérêts doivent converger et s'unir.

L'Exposition dont nous allons rendre compte est venue, au reste, confirmer notre opinion à ce sujet. Quoiqu'il soit toujours fort difficile d'innover et surtout de créer, en matière de manifestions industrielles, sans s'exposer à des mécomptes, nous devons nous féliciter, cette fois, de l'initiative que nous avons prise. Notre Exposition de la *Halle aux Cuirs* a répondu à notre attente.

Ainsi, nous constatons avec plaisir qu'un nombre considérable de fabricants ou industriels ont bien voulu nous adresser des échantillons de leurs produits, et les soumettre au jugement d'un public éclairé, que nous avons invité à venir se prononcer en connaissance de cause. Pendant plusieurs mois, ils ont été livrés à son examen ; ils ont pu être appréciés à leur juste valeur.

Si les expositions universelles sont la manifestation des progrès industriels des peuples, comparés entre eux, les expositions particulières sont, de leur côté, la manifestation des progrès d'une industrie, comparée dans les produits similaires des fabricants eux-mêmes. A ce titre, ces dernières contribuent puissamment aux développements des intérêts généraux du commerce et de l'industrie, au moyen de la part contributive qu'elles y apportent, chacune en particulier.

Nous croyons donc avoir rendu un service réel à l'industrie des cuirs et peaux, en offrant à leurs produits divers le moyen de se montrer, dans toute la sincérité de leur fabrication. Car, tous ces produits, dont nous avons constaté l'origine, tout en les appréciant d'une manière sommaire, doivent être considérés comme des types de ceux qu'on peut demander tous les jours, et qui sont offerts, comme tels, aux acheteurs.

C'est à ce dernier point de vue que nous les avons jugés nous-mêmes. Notre examen a porté principalement sur la nature de la fabrication de chaque article, sur ses résultats économiques constatés par les prix de vente, enfin, sur leurs provenances, de façon à bien marquer les progrès accomplis.

Les appréciations que nous avons émises, sur chaque article exposé, ne doivent pas être considérées comme les décisions d'un jury officiel, mais bien comme des renseignements éclairés et impartiaux, donnés au public. Et, si parfois on peut s'étonner que nous ne fassions que des éloges de la plupart des maisons qui ont exposé, c'est que nous avons dû les juger par leurs produits et qu'ils sont tous vraiment remarquables, — surtout si l'on considère que notre Exposition n'était ni annoncée, ni prévue, que les types exposés n'ont pu être préparés à l'avance, et qu'ils sont l'expression rigoureusement fidèle de la fabrication ordinaire de chaque maison. C'est sous le bénéfice de ces réserves, que nous publions la Notice suivante sur l'Exposition de la *Halle aux Cuirs* de l'année 1867, Notice qu'il nous paraît utile de faire précéder de quelques explications sur le rôle de la Halle, dans le commerce si important des cuirs.

La HALLE AUX CUIRS se compose de deux établissements bien distincts, quoique réunis dans la même enceinte : la *Halle* proprement dite et le *Magasin général*.

La *Halle* est un marché public, comme tous les marchés, où tout négociant, tout commissionnaire, tout courtier, peut venir traiter ses affaires, et déposer les marchandises qu'il destine à la vente.

L'administration de la Halle est le mandataire officieux du fabricant ou du négociant qui lui expédie ses marchandises.

Loin de faire concurrence aux courtiers et aux commissionnaires, elle leur donne son concours, et elle est pour eux une source d'affaires.

Ses efforts ne tendent qu'à achalander le marché, en attirant à la Halle les marchandises de toutes sortes, brutes ou fabriquées.

Elle est persuadée, et avec raison, que l'affluence des marchandises amène les transactions, et que tous y trouvent profit : les uns, en vendant plus facilement et mieux, à cause du grand nombre des acheteurs, les autres, en rencontrant un choix plus considérable des marchandises dont ils ont besoin.

La Halle reçoit dans ses magasins, a des tarifs modérés, les cuirs et peaux de toutes sortes, écorces, tans, sumacs, bois de teinture, drogues de toutes sortes, huiles, dégras, crins, cornes, os, colles brutes et fabriquées, laines de toutes sortes, bourres de toutes sortes, suifs de toutes sortes, stéarines, graisses, graines oléagineuses, en un mot, toutes les matières se rattachant directement ou indirectement au commerce. des cuirs et peaux, ou servant à leur fabrication.

Le *Magasin général*, qui est joint à la Halle, délivre, conformément à la loi du 28 mai 1858, des certificats de dépôts négociables, sous le nom de *warrants*.

L'administration s'est entendue, pour la négociation et l'escompte de ces warrants, avec la société de Crédit Agricole, qui a établi, à cet effet, une succursale à la Halle.

Elle procure aussi des avances sur marchandises en consignation.

Il existe, en outre, à la Halle un Entrepôt d'octroi; ce qui permet de lui adresser les marchandises, sans acquitter les droits.

Chez elle, enfin, fonctionne le POIDS PUBLIC, qui est la garantie des affaires, en constatant, d'une façon officielle, et à toute réquisition, le poids des marchandises faisant l'objet des transactions.

Des ventes publiques pour les cuirs verts de boucherie se font mensuellement.

Des ventes publiques ont aussi lieu, au gré des négociants.

De vastes magasins, des ressources de crédit très-étendues, une organisation spéciale aux besoins de l'industrie qu'il représente, tels sont, en résumé, les avantages offerts par cet établissement nouveau, qui renferme tant d'éléments de travail et de prospérité.

Les négociants, fabricants et commissaires, trouvent, en un mot, à la *Halle aux Cuirs* toutes les facilités qui sont indispensables aux transactions commerciales.

Le Président du Conseil d'administration,

SOULAINE.

NOTICE

---

(1) 26 ALÉGATIÈRE fils, Lyon (Vaise).

TANNAGE AU BOIS DE CHATAIGNIER.

Bœuf en croûte;
4 côtés lissés.

Les cuirs exposés par **M.** Alégatière sont tannés entièrement au bois de chataignier.

Ses produits sont remarquables, et ils méritent une mention toute particulière. La beauté, la fermeté, le grain de la coupe et la nuance sont le témoignage de grands soins apportés dans le cours de la fabrication.

Ce tanneur a poussé très-loin l'étude du tannage au bois de chataignier, et les produits qu'il expose peuvent rivaliser, avec avantage, avec les produits tannés à l'écorce de chêne.

Ce système de tannage, qui ne diffère en rien du tannage à l'écorce de chêne, est appelé à rendre des services à la tannerie, qui est loin d'avoir dit son dernier mot. Rendons justice à **M.** Alégatière, qui a fait faire un grand pas à la tannerie, dans l'emploi du bois de chataignier.

9 AUBIN-BARANGER (veuve), Romorantin (*Loir-et-Cher*).

1 bœuf lissé et battu;
1 vache lissée et battue.

Ces deux articles représentent le type de l'ancienne fabrication. Le travail du lissage et du battage en est consciencieusement fait. Les deux articles comparés entre eux, le travail de

---

(1) Les chiffres qui précèdent le nom de chaque maison mentionnée dans cette notice indiquent le numéro d'inscription qui lui avait été attribué dans le classement général des produits exposés à la *Halle aux Cuirs*. Ces maisons sont classées ici par ordre alphabétique.

la vache lissée laisserait à désirer ; mais cette différence tient à la nature même du cuir : la qualité du cuir de bœuf étant supérieure au cuir de vache, généralement plus spongieux dans quelques-unes de ses parties. Les articles exposés sont les mêmes que ceux que cette maison vend journellement, dans le commerce.

98 BARRANDE frères, Paris, rue Quincampoix, 11.

Chevreaux mats, dorés et noirs glacés ;
Veaux mégis ;
Maroquins.

Cette maison a été admise à l'Exposition universelle, sous le n° 95 de la classe 46. Au Champ-de-Mars, comme à l'Exposition de notre *Halle aux Cuirs*, elle a soutenu sa réputation justement acquise dans la fabrication des veaux mégis et des chevreaux dorés, qui, sous tous les rapports, réunit toutes les qualités qui distinguent les produits hors ligne ; c'est-à-dire, le finissage, la souplesse et la couleur de la peau, travaillée avec intelligence.

23 BAUDIN père et fils, Brou *(Eure-et-Loir)*.

Cuir lissé, 3 côtés pour semelles ;
Vache lissée, 2 côtés.

Le travail de cette maison est toujours consciencieusement fait. Sa fabrication ne laisse rien à désirer, sous le rapport du tannage, exécuté d'après les procédés de la vieille tradition, qui sont restés encore les meilleurs jusqu'à nos jours. Le lissage nous a paru également réunir toutes les conditions d'une bonne exécution. Les articles exposés sont les mêmes que cette maison livre couramment au commerce ; ils représentent exactement sa fabrication ordinaire. M. Baudin est l'auteur d'une proposition ayant pour but une réunion, à Paris, de tous les tanneurs de France, afin d'aviser aux moyens d'obtenir que la tannerie ait des prix remunérateurs ; ce qu'elle se plaint de ne pas avoir depuis longues années. Il serait à désirer que cette heureuse idée pût être appliquée.

68. **BERTIN-HARDY**, Paris, rue du Château-des-Rentiers, 9 bis.

4 côtés, vaches lissées;
1 bœuf en croûte.

Ces articles représentent le type de la fabrication courante. Leur couleur, qui est incontestablement bonne, est obtenue au moyen d'un tannage de quatre ou cinq mois; ce qui suppose l'emploi intelligent de la poudre du tan, et un travail de cuve surveillé et fait avec le plus grand soin. La poudre de tan elle-même doit être d'une qualité supérieure. Ce sont toutes ces conditions réunies qui peuvent expliquer cette économie dans la durée ordinaire du tannage des cuirs, dans les cuves. Cette maison a obtenu une mention honorable, à l'Exposition de 1855. Les produits de ce fabricant sont toujours d'une grande fermeté de travail et d'un rapport qui égale celui des meilleures maisons.

94 **BERRIER**, Tréport (*Seine-Infér.*), rue Suzanne, 13

6 veaux cirés;
3 entiers, pesant 5 kil. 50 gr.;
3 échantillons, pesant 4 kil. 100 gr.

Les produits de cette maison sont d'une fabrication ordinaire; néanmoins, elle apporte à son travail de corroierie toute l'attention nécessaire, pour bien fabriquer en ne passant sur aucune façon. Il suffit, pour s'en convaincre, d'examiner les produits exposés. Elle a obtenu une mention honorable, à l'Exposition régionale de l'industrie, à Rouen, en 1859.

103 et 105 **BIENVENU** et Comp., à Château-Renault (*Indre-et-Loire*).

1 cuir fort Buenos-Ayres, pesant 44 kil. ½;
2 cuirs forts de pays, pesant 113 kil.;
1 bœuf lissé de pays, pesant 47 kil.;
2 vaches lissées de pays, du poids de 76 kil.;
1 bande bœuf lissé;

1 bande vache lissée, pesant ensemble 49 kil ;
14 veaux en croûte, du poids de 52 kil.

Cette maison a été admise à l'Exposition universelle de 1867, sous le n⁰ 105 de la classe 46. Il lui a été même accordé une médaille de bronze, qui pourrait être considérée comme une dérision, si on ne savait que le jury de la classe 60 a cru n'avoir à décerner des récompenses qu'à *une seule industrie*, celle qui représente le travail des cuirs et des peaux, tandis qu'en réalité *c'est huit industries diverses* qu'il fallait récompenser, dans cette classe. De là, cette infériorité apparente dans les prix accordés.

Cette maison méritait une récompense bien supérieure à celle que représente une médaille de bronze. Sa fabrication est une des meilleures que l'on connaisse, et sa réputation très connue suffit, seule, pour faire son éloge. Nous ajouterons que les nombreux articles qu'elle a exposés, dans notre *Halle aux cuirs*, peuvent rivaliser, par la qualité et le fini du travail, avec les cuirs tannés exposés au Palais du Champ-de-Mars. Nous faisons remarquer, en outre, que les produits exposés par M. Bienvenu sont bien le type de sa fabrication courante, ne comprenant pas, comme celui-ci le dit à bon droit, qu'on puisse et qu'on doive fabriquer spécialement en vue d'une Exposition quelconque.

116 BOUREAU et GARNIER, P. H. GARNIER, successeur, Paris, rue Poliveau, 18.

Inscrits, n'ont pas exposé.

Cette maison n'a pas envoyé ses articles à notre Exposition, quoiqu'elle se soit fait inscrire, dans ce but. Nous en ignorons la cause. Toujours est-il que nous en dirons tout le bien que nous en pensons. Comprise dans la classe 46, sous le n⁰ 79 du catalogue général de l'Exposition universelle, elle y a envoyé des peaux de veau mégissées, et des peaux de chevreau. Cette excellente maison de mégisserie jouit, du reste, d'une réputation justement méritée.

52 BLANCHARD, Paris, tanneur, corroyeur, hongroyeur, fabricant de housses bleues.

Cuirs de Hongrie;
Housses bleues.

Cette maison est une des premières pour la fabrication des cuirs de Hongrie, qui sont supérieurement rasés et complétement finis. Aussi, est-elle placée à la tête des hongroyennes de Paris. Les housses qu'elle produit se recommandent également par leur travail de préparation et leurs qualités. Cette maison a la spécialité des cuirs de Hongrie et tous cuirs concernant la bourrellerie et la sellerie. Son usine, située à Gentilly, est une des plus importantes de la place de Paris. Cette maison ajoute à sa fabrication la vente des cuirs frais de la boucherie de Paris, dont elle s'occupe avec une grande activité et avec un grand succès; elle reçoit, à la *Halle aux cuirs* même, tous les cuirs qui lui sont livrés.

62 BLANDIN, Avranches (*Manche*).

Peaux blanches et basanes en croûte.

Cette maison est une des premières d'Avranches, comme fabrication de mégisserie, et l'on connaît la renommée de cette ville pour le travail des peaux blanches et de la basane. Voici, du reste, les diverses médailles qu'elle a obtenues, aux différentes expositions régionales qui ont eu lieu dans les localités suivantes : A Avranches, en 1854; — à Rennes, en 1859; — à Vire, en 1856; — à Saint-Lô, en 1852, — et à Coutances, en 1859. Les produits de la maison Blandin sont connus et fort appréciés; ceux qui sont exposés dans la *Halle aux cuirs* sont le type de ceux qu'elle fabrique et qu'elle livre au commerce, dans les mêmes conditions de travail.

117 BRAULT HOUETTE, Montbazon (*Indre-et-Loire*).

1 bœuf lissé;
2 vaches de pays;
1 vache Buenos-Ayres;
1 cheval de pays en croûte.

Les produits exposés par M. Brault-Houette représentent parfaitement sa fabrication courante. Le tannage de ses cuirs est parfait et très serré, leur rapport mérite d'être cité. Ainsi, le bœuf lissé et pesé frais représente, poids de queue, 67 kil. 5, et il produit, tanné, 31 kil. 5 ;—une des deux vaches exposées pesait, fraîche, sortant de la boucherie, 31 kil. 5 ; elle pèse, tannée, 17 kilog. — Le cheval en croûte est, lui-même, d'une très-belle fabrication. Quant à la fabrication de ses veaux, elle est très soignée ; ils seront appréciés par la corroierie, non-seulement pour leur rendement, mais encore pour leur souplesse.

La maison de M. Brault-Houette est, du reste, une des plus anciennes de la Touraine. Elle a été fondée en 1725 par M. Brault père ; et ses chefs se sont succedé, sans interruption, de père en fils. Elle a aujourd'hui pour successeur et représentant, M. Emmanuel Brault, qui dirige, depuis quelques années, la fabrique de ses ancêtres ; c'est un jeune industriel, plein d'intelligence et ami du progrès. Aussi, est-il appelé à devenir un négociant et un fabricant des plus distingués.

101 BRION aîné, Paris, rue du Petit-Moine, 3.

Capotes et croûtes.

Bonne fabrication et consciencieusement exécutée; cette maison a pris et prend de l'extension, tous les jours. Elle doit cet accroissement de produits à leur bonne qualité, et surtout au mode du travail qui les a mis en œuvre. En effet, cette maison donne des soins tout particuliers à sa fabrication ; il est facile d'en juger, par les cuirs qui sont exposés, et qui réunissent toutes les conditions exigées pour la bonne confection des cuirs pour capotes.

59 BRIOT frères, à Saint-Hippolyte (*Doubs*).

Inscrit et n'a pas exposé.

Cette maison a été admise à l'Exposition universelle de 1867, pour ses cuirs tannés. Elle jouit d'une bonne renommée;

et, s'il ne nous a pas été donné d'examiner ses produits à notre exposition de la *Halle aux cuirs*, nous pouvons affirmer qu'ils sont fort connus et très appréciés.

2 BRISSET frères, Château-Renault (*Indre-et-Loire*)

Cuirs jusés ;
Mâles et vaches lissés.

Cette maison, actuellement une des plus importantes de France, comme tannerie, a été fondée en 1814. Ses produits sont très estimés, sur la place de Paris et dans toute la France. Sa vieille réputation, continuée jusqu'à nos jours, s'est établie par les soins qu'elle apporte à son travail de fabrication et surtout par la manière consciencieuse qu'elle met dans les procédés de son tannage. En effet, nous rencontrons dans ses cuirs lissés un tannage complet ; le grain est fin et serré, la fermeté est remarquable et la couleur est très belle, avec grande égalité dans la nuance. Il faut reconnaître aussi que son usine est parfaitement organisée et que son outillage ne laisse rien à désirer. En 1865, des médailles d'argent lui furent décernées, aux expositions de Niort, de Bordeaux et de Toulouse. A l'Exposition universelle de cette année 1867, une première médaille d'argent lui a été décernée, pour ses cuirs tannés. Avec la parcimonie dont a usé le jury à l'égard de la classe 46, cette récompense a vraiment une triple valeur.

Les articles exposés à la *Halle aux cuirs* représentent ce que cette maison fait, tous les jours, dans sa fabrication courante. Il est d'autant plus facile d'en juger, que M. Brisset, comprenant le but spécial de notre Exposition, y a envoyé une pile de plus de 200 cuirs lissés.

15 BUNEL-JACQZ, Paris.

Fleur de bœuf vernie lisse pour chaussures ;
Fleur de bœuf grainée pour chaussures ;
Fleur de bœuf grainée vernie pour chaussures ;
Veau verni pour sellerie ;
Cuir noir ;
Cuir verni pour sellerie ;
Capote vernie ;

Croûte pour brides à sabots ;
Cheval de p ys pour galoches, verni ;
Cuir noir pour sellerie ;
Cuir bruni pour sellerie ;
Veau verni pour collier anglais.

Les produits qui constituent cette exposition sont magnifiques et variés ; ils représentent bien l'importance de la maison qui les a fabriqués. M. Bunel-Jacqz est le travailleur infatigable, qui cherche la perfection dans son art. Il suffit, pour s'en convaincre, de suivre ses pas, dans la carrière industrielle qu'il a parcourue. En 1846, il est apprenti corroyeur, et passe ouvrier, en 1848. Employé dans l'usine de son patron, en 1852, il devient, à dater de 1853 jusqu'en 1862, fabricant associé avec son beau-père, M. Jacqz. Resté seul depuis 1862, il a su perfectionner son industrie par d'utiles innovations. Aussi, la maison Bunel-Jacqz fait-elle de nombreuses et importantes affaires ; sa fabrique, établie à la Briche, est des mieux organisées. Tout y a été parfaitement combiné, pour le travail et le bien-être des ouvriers. Aussi, à l'Exposition de 1858, a-t-elle obtenu une médaille de bronze ; et à celle de 1861, à Nantes, une médaille d'argent de première classe. Les cuirs vernis de M. Bunel-Jacqz doivent être classés dans les premières marques de France, en raison non-seulement de leur souplesse, de leur solidité et de leur beauté, mais sous le rapport de l'excellence du vernis. Ses cuirs brunis pour sellerie sont supérieurement réussis ; c'est tout ce qu'on peut trouver de mieux sous le rapport de la finesse, de la couleur, de la douceur et de la nuance, qui a une égalité surprenante.

Ses vaches vernies grainées ont un grain, un saillant et un fouillé remarquables.

Sous le rapport du tannage, le meilleur hommage à rendre à ses cuirs, c'est de dire que nous n'y avons trouvé aucune trace de gondolage ni de repoussage, et pourtant ces cuirs sont pendus à l'Exposition, depuis plus de cinq mois.

4 BUSSON-ARCHAMBAULT, à Langeais (*Indre-et-Loire*).

1 vache de bande t nnée pesant en poils 124 kil. ½ ;

1 vache tannée et sèche de fond 72 kil. ½;
    —   tannée pesant en poils, 66 kil. ½;
    —   tannée et sèche de fond, 38 kil. ½;
    —   idem, en poils, 65 kil.;
    —   tannée et sèche de fond, 38 kil. ½;
    —   en poils, 64 kil.;
1 vache tannée et sèche de fond, 39 kil.
10 veaux secs d'huile, pesant 46 kil. ½;
12 basanes, pesant 11 kil. ½.

Les articles exposés, dont nous venons de mentionner le poids, ont un mois de sel; et, dans ce poids, sont comprises les cornes et les queues plus ou moins crottées. Au point de vue de la fabrication, nous pouvons dire qu'elle est sérieusement faite, et nous avons reconnu, en général, sur les cuirs exposés, que le tannage était complet et avait pénétré à fond; le grain est également très-beau, et autant cette maison obtient de la fermeté dans ses gros cuirs, autant elle obtient de souplesse dans ses veaux et ses basanes. Nous dirons pourtant que la vache n° 1 n'est pas aussi blanche que les autres; son tannage manque de poudre. La défectuosité de ce tannage naît surtout de l'emploi des grosses écorces provenant des vieux taillis, et dont la macération n'a lieu seulement que dans les cuves. Les bases ne sont pas également assez blanches; ce qui provient évidemment d'une sèche irrégulière, qu'il a fallu provoquer pour arriver à opérer l'exactitude de l'envoi. Ses veaux sont vendus 5 fr. 30.

On peut donc considérer cette maison comme représentant la fabrication sérieuse; elle a tenu aussi à exposer, à la *Halle aux cuirs*, les produits qu'elle livre tous les jours au commerce; ce que nous nous plaisons à constater. Quant à ses rendements, ils sont très beaux.

35 CAILLIER frères, Pont-Audemer.

2 cuirs forts.

Cet établissement de tannerie de cuir fort compte parmi les plus remarquables de Pont-Audemer; et on sait qu'ils sont nombreux. Le travail y est parfaitement compris et ne laisse rien à désirer, parce que, selon les bonnes traditions, on y emploie le temps rigoureusement nécessaire à une intelligente fabrication. Il suffit, au reste, d'examiner les articles exposés, pour se convaincre qu'ils remplissent toutes les conditions d'un tannage parfait : ils sont tannés à fond, bien secs et d'une belle couleur. Il est inutile de parler de la fermeté, qui est remarquable, sans pour cela que le cuir soit cassant. Tous les produits qui sortent de cette maison réunissent ces mêmes qualités.

139 CARGANICO, Châlon-sur-Saône.

2 douzaines de peaux cochon tannées, propres à la sellerie.

Cette maison travaille, non-seulement les peaux de cochon, qu'elle livre à la sellerie, mais encore les cuirs vernis. Sa réputation est mieux établie pour le premier article que pour le second. Elle a une spécialité pour la fabrication des peaux de cochon, et cette spécialité lui a acquis une réputation bien méritée et justement appréciée sur le marché français. Les peaux exposées sont superbes à voir; en effet, elles ont un grain, une souplesse et une blancheur, surtout, qui sont remarquables.

26 CAUVAIN-VARIN, Paris.

Inscrit et n'a pas exposé.

Nous avons à regretter que M. Cauvain-Varin ne figure pas à notre exposition de la *Halle aux cuirs*, par quelques-uns de ses produits. La vieille réputation dont jouit sa maison et la notoriété acquise à son excellente fabrication nous faisaient espérer de voir un producteur de plus rehausser notre exposition industrielle.

70 et 71 CHANTRAIN et Comp., Bruxelles, rue Joly, 17. — Schaerbeck-lès-Bruxelles.

Veaux cirés ;
Chevaux corroyés.

Cette maison se distingue par une excellente fabrication, dont les produits trouvent de nombreux débouchés en France, en Belgique et dans l'Allemagne. Elle est renommée surtout par ses veaux cirés, dont elle s'est fait une spécialité qu'elle conserve dans les meilleures conditions, depuis plusieurs années. En effet, ils ont une souplesse et un moelleux dignes de remarque ; le cheval corroyé réunit aussi toutes les qualités désirables de finissage de chair et de colle.

100 CHRÉTIEN fils aîné, à Saint-Dié-des-Vosges.

Croupons en huile ;
Croupons, veaux cirés.

Sa fabrication se borne à la spécialité du croupon pour empeignes ; et, sous ce rapport, elle est irréprochable. Il suffit de voir ses produits exposés, pour reconnaître que le travail en est des mieux soignés ; et ces produits représentent exactement sa fabrication ordinaire.

174 CHOUREAUX, à Paris, 27, rue des Cordelières.

COUDREURS A HÉLICE.

On sait que le moyen généralement employé, pour le coudrage des peaux, consiste à les agiter dans la dissolution qui les contient, ce qui nécessite le travail de 3 ou 4 hommes ; on se sert également du moulin à palettes, qui présente l'inconvénient de trop creuser les peaux, de jeter le liquide hors la cuve, et de n'en remuer que la surface, de sorte que les peaux qui sont au fond ne bougent pas.

Les coudreurs présentés par M. Choureaux, outre qu'ils sont d'une grande simplicité et d'un prix de revient minime, semblent obvier à tous les inconvénients ; l'hélice, disposée au-dessus de la cuve, imprime un mouvement giratoire au liquide, qui entraîne avec lui les peaux qui montent à la surface et retombent en tournant et ainsi de suite. Par ce moyen, économie de bras, coudrage complet, absence de peaux creuses ou marbrées ;

nous ne saurions trop recommander les coudreurs de M. Choureaux, dont nous avons été à même de reconnaître les avantages.

119 CLÉMENT-BÉLOUIN, Angers.

> 4 veaux blancs ;
> 4 veaux cirés ;
> 4 côtés de cheval.

Cette maison très-ancienne, et qui s'est toujours maintenue à la hauteur de sa vieille réputation, occupe un rang distingué dans le domaine de la grande fabrication. Quoiqu'elle étende son travail sur plusieurs parties de la tannerie et de la corroierie, elle s'est créé une spécialité bien marquée dans les veaux blancs et cirés de Touraine. Nous remarquons, en effet, dans ses produits une grande souplesse et un tannage parfait. Sa fabrication est très-connue, fort appréciée et s'étend au loin. Aussi, a-t-elle obtenu de nombreuses récompenses, dans diverses Expositions. Elle a eu à Angers, en 1863 et 1864, une mention honorable ; — à Bordeaux, en 1865, et, cette même année, à Porto (Portugal), deux mentions honorables ; — à Saint-Brieux, en 1865, une médaille de bronze ; à Toulouse, même année, une médaille d'argent et, à Niort, en 1865, le 1er prix représenté par une médaille en vermeil grand-module.

89 COCKUYT-BYL, Gand, rue du Chantier, 9 (*Belgique*).

> 1 culée de cheval, pesant 6 kil. 5 ;
> 1 culée lissée, 4 kil. ½ ;
> 1 bande de cuir noir, 6 kil. ;
> 1 bande de cuir de Hongrie, 8 kil. 5 ;
> 2 bandes de cuir à empeignes, 7 kil. ;
> 2 veaux gris, 5 kil. ;
> 4 kil., débris de cheval ;
> ½ kil., débris gris.

Cette tannerie est une des meilleures et des mieux assises de la Belgique ; sa corroierie est des plus estimées du royaume. L'exposition de cette maison est des plus variées, et nous avons constaté une bonne et sérieuse fabrication. Voici le tarif de ses produits, dont les articles exposés sont les véritables échantillons:

Culée de cheval, 2 fr. 40; — culée de cheval lissée, 2 fr. 20; — bande de cuir noir, 4 fr.; — bande de cuir de Hongrie, 3 fr.; — bande de cuir à empeignes, 4 fr.; — veaux gris, 7 fr. 50; — débris de cheval, 5 fr.; — débris gris 4 fr. 50.

77 **CONTESTIN** et Fils, Beaucaire (*Gard*).

Moutons et veaux bronzés et chamoisés.

Cette maison se distingue par son excellente fabrication et par les soins qu'elle met à la perfectionner de plus en plus. Ses moutons bronzés et chamoisés, dont elle s'est fait une spécialité, ont une réputation qui s'étend fort loin et jusque sur les marchés étrangers. Ses veaux bronzés et chamoisés, sans égaler la réputation des moutons, n'en méritent pas moins une distinction toute particulière, étant, à leur tour, fort recherchés. On peut se rendre compte des soins que cette maison apporte à sa fabrication, en jetant les yeux sur les produits exposés qui réunissent toutes les qualités désirables de souplesse et de couleur.

108 **CORDIER** (Léon), Besançon (*Doubs*).

3 veaux cirés;
3 veaux blancs;
6 paires de tiges;
6 paires d'avant-pieds.

Quoique les limites du travail de M. Cordier soient restreintes à une fabrication ordinaire, ses produits, qui consistent en veaux blancs, veaux cirés, tiges de bottes, n'en sont pas moins recherchés. Cette maison a obtenu, en 1860, à l'Exposition de Besançon, une médaille d'argent.

67 **CORDONNIER** frères, Marcq-en-Barœul.

Inscrits, n'ont pas exposé.

133 Vᵉ **CROISIER** aîné, Paris, rue des Augustins, 53.

Spécialité de cuirs pour chaussures.

Cette maison ne fabrique que des articles pour chaussures. Elle apporte à cette fabrication tout le soin que comporte le travail d'une bonne cordonnerie. Ses produits sont très-recherchés et lui ont créé une clientèle considérable. Il suffit de jeter les yeux sur son exposition ; ses tiges à l'écuyère, ses tiges quadrillées, ses veaux et croupons quadrillés, ses tiges quadrillées d'une seule pièce et ses veaux de toute couleur, sont d'une fabrication extraordinaire ; au reste, la maison Croisier est la seule dans Paris pour ce genre de produits dont elle a le brevet. Nous ajouterons que les magnifiques chaussures de chasse et de fantaisie exposées, au Champ-de-Mars, par nos premières maisons de cordonnerie, MM. Delail, Méliès, Hoffer, qui ont été médaillées, ont été confectionnées avec les produits de Mme veuve Croisier aîné.

173 **DAMOURETTE**, Paris, 2, rue du Gril.

Ancien élève de l'École polytechnique, ingénieur et constructeur de machines de tannerie.

MACHINES POUR BROYER LES ÉCORCES ET AUTRES

1 coupe écorces d'une valeur de 450, débitant 5,000 kil. par jour.

1 noix (ou moulin à poivre), sur trois colonnes en fonte et disposée pour manége.

2 moulins à scies circulaires ; l'un, fournissant un produit très-abondant, granuleux, plus ou moins fin à volonté, et convenant, soit pour les cuves, soit pour faire repasser à la noix ou au pilon. L'autre, breveté depuis 1860, récompensé de deux médailles (bronze et argent) et d'une mention honorable à l'Exposition universelle de 1867, fournit le produit le plus fin et le meilleur obtenu jusqu'à ce jour.

M. Damourette a fait, à la *Halle aux cuirs*, fonctionner régulièrement ses moulins à scies circulaires, au moyen d'une petite locomobile à vapeur, très-simple, sortant de ses ateliers ; de la force de deux chevaux, elle coûte, avec le moulin à scies,

2,500 francs, et convient particulièrement à nos petites tanne-
ries, qui ne seront plus ainsi tributaires des fabricants de tan.

M. Damourette expose également le dessin d'un marteau à
comprimer les cuirs, qui se distingue par son bâti en fer, matière plus légère et plus résistante que la fonte. Le serrage de
l'enclume se fait au-dessus de la table, c'est-à-dire à la portée
de l'ouvrier batteur. Les machines de cet ingénieur ont cela
d'appréciable, qu'elle sont toutes pour objet principal de mettre
la théorie de leur travail industriel en rapport avec la pratique.
Aussi, sont-elles fort estimées par les personnes du métier et
de l'art.

145 DEEDS et SONS, Londres, New-Oxford-Street, 451

Maroquins ;
Veaux mégis ;
(Moutons en laine) pour tapis de pieds.

La maison de John S. Deeds and Sons, de Londres, est une
des plus estimées et des plus importantes d'Angleterre, pour
ses maroquins, ses veaux mégis et ses moutons en laine pour
tapis de pieds. Sa réputation, sous le rapport de la maroquinerie et de la tannerie, remonte à une vieille date; elle s'était
déjà consolidée sous le règne de Georges IV. Les couleurs
inimitables dont cette maison a le secret, et dont elle teint
ses moutons en laine, lui ont acquis une renommée euro-
péenne. Aussi, le chiffre annuel de ses affaires dépasse-t-il
deux millions. On ne s'en étonnera point, lorsqu'on aura admiré
sa belle et splendide exposition.

14 et 125 DÉON fils, Sens (*Yonne*).

2 cuirs noirs pleins en suif ;
2 cuirs pour courroies d'usines ;
1 vache en croûte, tannée en 9 mois ;
8 bandes cuirs noirs.

Cette maison, qui jouit d'une réputation excellente, n'opère
le tannage de ses cuirs qu'au moyen du tan seul. Elle travaille spécialement le cuir noir plein suif, pour les bourre-
liers, et la vache en croûte pour lissé, deux articles dont elle a

le monopole de la bonne fabrication. Elle produit annuellement 3,500 cuirs de bœufs et vaches. M. Déon père a obtenu, en 1858, à l'Exposition d'Auxerre, une mention honorable ; et, en 1865, à Chaumont, une médaille de bronze, pour sas pécialité de cuir noir.

155 DEJEAN frères, Châtelet (*Belgique*).

Inscrits, n'ont pas exposé.

50 DELEMER – BECQUET, Lille, rue de l'Eperon-Doré, 3 bis.

1 croupon pour empeignes ;
1 croupon pour quartier ;
1 croupon pour cardes à laine ;
1 croupon pour cardes à coton :
1 ruban 62^m, largeur pour cardes à laine ;
2 rubans 54^m de largeur pour coton ;
1 ruban 52^m pour volant ;
1 ruban pour peigneuses de laine ;
1 ruban pour peigneuses de coton.

La spécialité de la maison Delemer-Becquet est surtout la fabrication des cuirs pour cardes et filatures, quoiqu'elle l'étende même à la cordonnerie. Mais la supériorité de son travail se fait remarquer principalement dans la préparation des cuirs pour cardes et filatures. Les échantillons qui se trouvent à notre Exposition, sous le n° 50, témoignent des soins que ce fabricant apporte à ce genre de travail, dont l'importance est si bien appréciée dans nos usines. Recommander ses courroies mécaniques, serait superflu, alors qu'elles sont adoptées par nos principales filatures.

3 DESACHÈ-BLIN, Tours.

Inscrit, n'a pas exposé.

L'absence des produits de ce fabricant, à notre Exposition de la *Halle aux cuirs*, est à regretter, car il est à la tête de la bonne fabrication en France. Sa maison est une des plus fortes de la ville de Tours, le centre de la bonne tannerie et de l'excellente corroierie. Ses produits sont soignés et lui ont mérité la juste réputation qu'elle s'est acquise, et qu'elle a conservée depuis bien des années.

66 DESCROIX-LEFEBVRE, Paris.

Inscrit, n'a pas exposé.

Ce fabricant a exposé des peaux de chèvres corroyées, au Palais de l'Exposition universelle de cette année. Il est compris sous le n° 51 de la classe 46. La place réservée à ce fabricant est restée vide; sa réputation et les produits qu'il a au Champ-de-Mars, et dont nous avons pu apprécier le mérite, nous font doublement regretter son absence.

162 à 167 DEZAUX-LACOUR, Guise (*Aisne*).

6 ventres bœufs, pesant 42 kil.;
6 veaux blancs, dont 4 mâles, pesant 5 kil. 5 ;
4 vaches Buenos-Ayres , pesant 54 kil.;
4 vaches anglaises, pesant 82 kil.;
3 croupons à quartiers, pesant 14 kil.;
3 croupons à empeignes, pesant 17 kil. 5 ;
2 croupons pour civil, pesant 6 kil. 45 ;
3 croupons empeignes militaires, pesant 12 kil. 7;
1 cuir noir demi-façon ;
1 cuir noir plein suif, pesant 29 kil.;
6 veaux filature;
2 côtés bœuf lissé.

Placée au premier rang de la fabrication des cuirs, pour cardes, sellerie, cordonnerie et filature, cette maison s'est toujours maintenue à la hauteur de sa vieille réputation. Les produits de sa tannerie n'ont pas cessé, un instant, d'être très appréciés et surtout fort recherchés. Aussi, sont-ils connus dans toute la France, et même à l'étranger. Dix médailles, dont trois d'honneur, obtenues à diverses expositions universelles ou régionales, ont été la récompense justement accordée à sa supériorité. Voici, au reste, le tarif de ses produits, ceux qui se trouvent à notre Exposition doivent être pris comme de véritables échantillons :

Ventre de bœuf, 2 fr. 40; — veaux blancs, 9 fr. ; — vaches Buenos-Ayres, 3 fr. 25; — vaches anglaises, 3 fr. 75; — croupons à quartiers, 5 fr. 20; — croupons à empeignes, 5 fr. 25;— croupons pour civil, 6 fr.; — croupons pour empeignes militaires, 5 fr. 50; — le cuir noir entier, 1/2 façon, 100 fr.; — cuir noir plein suif, 3 fr.; — veaux pour filature, 125 fr. la douzaine.

Cette maison a été admise à l'Exposition universelle de 1867, sous le n° 70 de la classe 46, pour des cuirs tannés et corroyés; cuirs pour cardes et pour courroies de transmission; machine à ouvrer le cuir; machine à fabriquer des motes à brûler.

6 DESHAYES (Alphonse), Evreux.

Vernis.

Cette maison fabrique le vernis pour harnais, cuirs de chaussures et sellerie, avec une supériorité incontestable. Nous avons été à même d'apprécier la valeur de son vernis, qui mérite une mention toute spéciale.

13 DONAU et ESTIVANT-DONAU, au Ridou, par Fumay (*Ardennes*).

5 cuirs forts, dits de Givet, pesant 97 kil.

Les articles exposés sont le type de la fabrication courante de ces honorables industriels. Le prix de leurs cuirs forts est de 4 fr. 20 le kilog. Cette élévation du prix, comparé avec celui de la fabrication ordinaire, est plus apparente que réelle, en raison du poids relatif, de la qualité et de la condition de séche de leurs produits. La maison de ces exposants, qui fabriquent spécialement le cuir fort, a une existence de 82 ans, pendant lesquels elle a toujours soutenu sa réputation acquise par son procédé supérieur de tannage. Les cuirs qu'elle livre au commerce sont appréciés, non-seulement sous le rapport du tannage, qui ne laisse rien à désirer, mais encore sous celui de la couleur, qualité rare et fort recherchée.

19 DOUGE-LEVISTRE, Dijon (*Côte-d'Or*).

2 bandes de cuir de Hongrie;
2 bandes de cuir noir.

M. Douge-Levistre a envoyé à notre Exposition, sans aucune

prétention, des échantillons des produits qu'il livre journellement. Sans qu'ils soient remarquables, il est facile d'apprécier que ses cuirs noirs sont consciencieusement fabriqués ; quant aux cuirs de Hongrie, il est à notre connaissance que cette maison fournit des produits mieux réussis que ceux exposés, qui, sous le rapport du fini, laissent à désirer.

73 DUFOUR, 25, rue du Transit, Paris,

APPRÊTEUR DE CHAMOIS.

SPÉCIALITÉ DE NOIR SUR PEAUX CHAMOISÉES.

M. Dufour a exposé des moutons et veaux noirs chamoisés pour chaussures, et 1 chevrette noir chamoisée pour ganteries. Ces produits sont excessivement bien traités, le travail est des plus soignés, ces peaux sont dégraissées, blanchies, et parées avec beaucoup d'habileté ; en outre, M. Dufour a su obtenir, dans sa teinturerie, un noir des plus fins, auquel le temps ne fait subir aucune altération. Nous considérons M. Dufour comme un de nos meilleurs apprêteurs de la place de Paris.

21 DUVAL et FOURNIER, Pont-Audemer,

Cette maison, qui jouit d'une bonne réputation pour sa fabrication de cuirs forts, ne pouvait fournir que des produits de premier mérite. Les cuirs forts qui sont exposés en sont la preuve, ils sont réellement d'un parfait tannage, d'une sèche irréprochable et d'une rare fermeté ; la couleur seule pourrait être plus belle.

18 DURAND frères, Paris, rue Française.

Inscrits, n'ont pas exposé.

Ces fabricants ont été admis à l'Exposition universelle de 1867, dans la classe 46, sous le n° 2, pour des cuirs tannés, corroyés et lissés pour chaussures ; tiges de bottes et guêtres pour l'armée ; cuirs pour courroies de transmission.

Ils possèdent une usine de cuir fort, 31, rue des Cordelières ; une usine des tiges et veaux, 17, rue des Gobelins.

La maison à la tête de laquelle se trouvent les deux frères Durand, Achille et Léon, actuellement la plus importante de France, comme tannerie et corroierie, a eu pour fondateurs :

1° M. *Durand-Chaucerel*, leur père, qui, pour des améliorations constantes apportées, avec leur concours, au tannage du cuir fort, a été récompensé, aux Expositions de 1839, 1844 et 1849, par la médaille d'or et le rappel de la médaille d'or, et à celle de 1855, par la médaille de 1re classe ;

2° M. *Courtépée-Duchesnay*, dont les affaires en tiges et veau ciré prirent un grand développement à partir de 1848, et qui obtenait successivement la médaille de bronze en 1849, la *prize-medal* à l'Exposition de Londres, en 1851, et celle de. 1re classe à l'Exposition universelle de 1855.

Ces deux honorables maisons ont été réunies en 1856, sous la direction de MM. Durand frères, qui ont organisé, à Paris, deux grandes maisons, où leurs produits sont manufacturés et qui consomment annuellement 6 millions de kilos d'écorces. Le jury de l'Exposition universelle de Londres, en 1862, leur a décerné la *prize medal*. L'importance de leurs affaires, de 2 millions environ, en 1856, — dépasse aujourd'hui 4 millions.

Leur usine des Cordelières, spécialement destinée au cuir fort, produit par an 18,000 cuirs et occupe plus de 100 ouvriers. — Celle des Gobelins, où se fabriquent les tiges et veau ciré, très-connus et appréciés en Angleterre et en Amérique, sous la marque C. D., fabrique annuellement 180,000 peaux de veaux et occupe 350 ouvriers.

MM. Durand frères ont été récompensés de la grande médaille d'or, à l'Exposition universelle de cette année 1867.

169 FOURCAUD et Comp., à Eymet (*Dordogne*).

2 douzaines de veaux blancs ;
3 croupons vaches.

Les produits qui sortent de cette maison sont fort estimés, sous le rapport du tannage, à cause des soins qu'elle apporte dans sa fabrication et dans l'emploi de ses matières.

Ses veaux blancs se recommandent par leur souplesse et leur fini.

153 et 154 FRANCIER, Mouzon (*Ardennes*).

6 croupons, pesant 34 kil.;
1 douzaine de veaux cirés;
1 douzaine de veaux blancs, pesant ensemble 25 kil.;
2 petites vaches lissées, 23 kil.

Petite, mais bonne fabrication de tannerie et corroierie. Les articles qui sont exposés servent d'échantillons aux produits de ce fabricant, qui fixe ses prix d'après le tarif suivant : croupons 5 fr. 60 c.; — veaux cirés et veaux blancs 9 fr.; — petites vaches lissées 3 fr. 40. Il se charge d'en faire l'expédition conformément à ses produits exposés.

Il suit dans son travail l'ancien système, tout en l'abregeant le plus possible sans nuire à la qualité du cuir.

37 et 91 FROISSARD, Mouzon (*Ardennes*).

1 cuir en croûte;
1 vache lissée;
Veaux blancs;
Veaux cirés.

Le travail de ce fabricant est consciencieux, et ses cuirs sont assez bien tannés, comme on peut en juger par les produits exposés. En donnant plus d'extension à sa fabrication, il arriverait à d'excellents résultats.

111 GALLIEN et Comp., Longjumeau (*Seine-et Oise*).
Inscrit, n'a pas exposé.

Ce fabricant a été admis à l'Exposition universelle de cette année 1867, dans la classe 46, sous le n° 23. Son Exposition se compose de cuirs pour chaussures militaires; cuirs de bœuf et de vache pour baudriers et pour semelles; cuirs de veau pour tiges de bottes et pour empeignes.

Médaille d'argent à l'Exposition de Nevers 1865.

Les produits exposés, en cuir fort vache lissée, veaux blancs, cheval et croupons sont d'une fabrication irréprochable ; du reste cette maison s'est acquis une réputation justement méritée, et s'est placée au premier rang de la fabrication française.

54 et 55 **GARNIER** frères, Gondrecourt (*Meuse*).

5 cuirs veaux blancs ;
2 bandes vaches en croûte.

MM. Garnier frères tannent leurs cuirs par procédé accéléré, ils obtiennent de très-beaux résultats, néanmoins ils n'ont pas dit leur dernier mot ; on remarque particulièrement des veaux tannés en 40 jours, et qui ont toutes les qualités requises : tannage, souplesse, fini et couleurs ; leurs gros cuirs ont une grande fermeté.

Ils ont obtenu une médaille de vermeil, à l'Exposition de Chaumont, en 1865.

93 **GAYRAUD** aîné, Narbonne (*Aude*).

4 bandes dites cuirs de Garrouille.

On sait que le cuir, dit *cuir de garrouille*, est le cuir fort que l'on fabrique et que l'on emploie dans le midi de la France, et principalement à Toulouse, à Carcassonne et aux environs de Narbonne. Au lieu de l'écorce du chêne, on emploie, pour son tannage, la racine des jeunes chênes verts qui contiennent du tannin, lequel, par l'opération de son extraction dans les cuves, donne au cuir une fermeté remarquable et, en même temps, une couleur brune assez semblable à l'acajou, dite couleur noisette. La maison Gayraud est très ancienne ; elle a été fondée en 1740, époque où commencèrent les premières tentatives de procédés de tannage qu'on a étudiés jusqu'à nos jours. Elle a conservé toujours sa vieille réputation de bonne fabrication. Ses cuirs de garrouille ont été admis dans les principales expositions du Midi, où ils ont obtenu les récompenses suivantes : à Toulouse, en 1858, une médaille de bronze ; à Carcassonne en 1859, une médaille d'argent de 1re classe ; en 1857, une médaille d'argent, et, à Montpellier, en 1860, une médaille d'argent de 1re classe.

Il est à regretter que l'usage des cuirs de garrouille, qui pré·entent des garanties de solidité et de grande durée, ne soit pas plus répandu dans la grande consommation de l'armée ou de la marine.

83 GERMAIN, à Trun (*Orne*).

24 veaux en croûte.

Maison excellente, et dont la fabrication ne laisse rien à désirer, sous le rapport de la tannerie et de la corroierie. Aussi, sont-ils fort estimés et recherchés à Paris, et dans le centre de la France. On peut dire de cette maison que l'offre ne suffit pas à la demande.

17 GILLARD, Sierck (*Moselle*).

2 cuirs forts.

Ce fabricant a la réputation, justement méritée, de travailler le cuir fort, dit *façon de Givet*, d'une manière supérieure. Il fait revivre cette vieille mise en œuvre des cuirs de Givet, qui ont laissé un souvenir impérissable de bonne qualité, dans les annales de la tannerie française. Aussi, les cuirs que fabrique la maison Gillard sont-ils très-estimés sur nos marchés. La marque de cette maison est un titre incontestable de leur supériorité. Elle fabrique annuellement 6.000 à 6,500 cuirs forts. M. Gillard a obtenu deux médailles d'argent de 1re classe, aux Expositions de Paris, et 4 médailles d'argent de 1re classe, aux Expositions de Metz.

131 GIRAUD aîné, Paris, rue du Fer-à-Moulin, 38.

Inscrit, n'a pas exposé.

Ce fabricant, admis à l'Exposition du Champ-de-Mars, y a exposé des peaux de mouton maroquinées; des maroquins pour ameublements, pour voitures, pour la reliure et pour la gaînerie; des peaux de veau, de chevreau, de chèvre et de mouton pour la chaussure et pour la sellerie. Ces articles ont été inscrits sous le N° 68 de la classe 46. Le jury des récompenses a décerné à M. Giraud une médaille d'argent, pour ses maroquins. Nous avons vu avec étonnement la maison Giraud, à laquelle il avait été décerné une médaille d'argent à l'Exposition de 1855, n'obtenir, cette année, qu'une médaille de même ordre. Cela paraît difficile à expliquer, quand on sait que l'importance de la maison Giraud a augmenté considérablement, et que sa fabrication n'a fait que s'améliorer, si cela était possible.

25 GIRET, Paris, rue du Fer-à-Moulin, 36.

. 2 cuirs forts.

Cette maison, qui jouit d'une réputation très-ancienne, sous le rapport de l'excellente fabrication du tannage, a conservé jusqu'à ce jour ses vieilles traditions, en matière du travail des cuirs. Ses produits sont non-seulement de première qualité, mais encore d'une confection irréprochable. Les deux cuirs forts exposés sont exactement semblables à ceux qu'elle livre tous les jours. Le même travail, les mêmes soins, président à la confection des uns et des autres : c'est le renom que s'est acquis la maison Giret, parmi les représentants de la tannerie sérieusement comprise.

159 et 160 GIRARD (Charles). Bordeaux (*Gironde*).

6 veaux gris;
18 veaux cirés;
2/3 femelles de 12 à 15 kil., têtes baissées.

Ce fabricant a conservé les bonnes traditions de sa maison pour la confection du veau ciré, dit *Veau de Bordeaux*, dont la réputation est si étendue. Ses produits, d'un tannage excellent, d'une souplesse et d'un fini remarquables, sont très-recherchés sur les marchés français et étrangers. Ses tarifs, qui subissent peu de variations, sont établis de la manière suivante : Choix ordinaire comme les articles exposés qui servent de type, 12 fr. le kilog.; — veaux de 16 à 18 kilog., 11 fr. Il est inutile d'insister sur le mérite de la fabrication de cette ancienne et bonne maison, fondée en 1827, par M. Claude

Girard qui a su, par ses connaissances étendues et ses soins, se faire une réputation universelle, que M. Charles Girard n'a n'a pas cessé de justifier.

113 GUILLIEN fils, Clamecy.

1 vache lissée ;
6 veaux blancs ;
6 veaux cirés :
4 bandes cheval ;
1 croupon en huile.

Cette maison occupe un rang distingué, dans le domaine de la bonne fabrication. Aussi, sa réputation est-elle à la hauteur de son travail industriel. Ses cuirs, tels que vaches lissées, veaux blancs et veaux cirés, sont très-demandés et ont toujours un débit assuré. Une plus grande extension donnée à sa fabrication ne pourrait qu'accroître encore sa renommée.

A la dernière Exposition de Nevers, M. Guillien fils a obtenu une médaille d'argent : il y avait figuré, d'une manière avantageuse, en y produisant des articles des plus variés.

40 JACQUELIN, Paris, rue Saint-Hippolyte, 6.

TEINTURIER EN PEAUX.

La vitrine de M. Jacquelin contient une grande variété de chevreaux noirs, chevreaux dorés et veaux mégis, dont on peut facilement apprécier le mérite : ces peaux, teintes et finies avec une rare habileté, ont conservé la plus grande souplesse.

147. JAMET, Paris, rue des Cordelières.

2 douzaines de veaux mats noirs.

L'exposition de cette maison a beaucoup de mérite, sous le rapport de la fabrication ; le veau mat demande des soins particuliers qui n'ont pas été ménagés, et l'on ne peut souhaiter qu'un peu plus de régularité dans la souplesse des peaux. Il n'y a, du reste, rien qui puisse étonner, attendu que ces peaux ont été prises sans aucun choix, ce qui veut dire qu'elles représentent bien ce que M. Jamet peut livrer, tous les jours, pour des quantités considérables.

5 JODEAU-LABBÉ, Château-Renault (*Eure-et-Loir*).

49 bandes vaches lissées et cuirs forts ;
14 croupons lissés.

Cette maison constitue une des premières fabriques de tannerie de France. Ses produits, très-connus sur nos différents marchés, sont recherchés, avec une préférence marquée, sur tous les autres produits similaires. Les articles exposés qui réunissent toutes les conditions désirables, tannage, lissage, fermeté et beauté, témoignent des soins qui sont apportés au travail des cuirs, dans cette importante usine.

80 JOURDAIN, Oullins, près Anet (*Eure-et-Loir*).

2 cuirs en croûte ;
1 veau ;
1 bande ;
Le veau et la bande moitié pour courroie.

Ces articles ont été fabriqués par tannage accéléré, en 90 jours. On sait combien la durée du tannage, considérée au point de vue économique, est une lourde charge pour les fabricants. De nombreux procédés ont été tentés, depuis plus d'un demi-siècle, sans qu'on ait encore obtenu des résultats satisfaisants. L'ancienne méthode de tannage, avec une abréviation plus ou moins avantageuse du séjour des cuirs dans les cuves, a prévalu jusqu'à ce jour. Nul doute que par sa méthode, pour laquelle il a pris un brevet de perfectionnement, M. Jourdain, en simplifiant le travail du tannage, n'arrive à de bons résultats. Dans tous les cas, nous devons reconnaître que sa méthode trouve encore un puissant auxiliaire dans les soins qu'il apporte à sa fabrication. C'est, peut-être, à ces soins aussi qu'il faut attribuer, en grande partie, les succès obtenus par son procédé breveté.

144 HULLOT, Paris, rue François-Miron, 19.

2 peaux de mouton pour tapis.

Les peaux de moutons exposées égalent, comme travail de mégisserie et de teinture, les meilleures peaux anglaises.

INGOUF, corroyeur, avenue d'Italie, 24.

Quoique ce fabricant se soit fait inscrire, il n'a pas envoyé ses produits ; nous le regrettons, et il nous eût été agréable de faire connaître nos appréciations sur le mérite de l'excellente fabrication de ce corroyeur.

175 IWASYKIEWIEZ, mécanicien.

Inventeur du turbulent ou foulon pour travailler les cuirs et les peaux.

Dépôt chez MM. Beaudoin et Gaillard, 53, rue Pascal.

Ce foulon, très-ingénieusement établi, est propre au travail de tous cuirs et peaux. Pour les gros cuirs, il remplace avec avantage l'ancien système, il prend moins de force, — fournit six fois plus de travail, et ne met jamais les peaux en boules. Il en est de même pour les veaux qu'il foule, nettoie, vide de chaux et façonne, sans jamais les rouler ni les corder.

Il s'emploie avec avantage dans les maroquineries pour le mouton et la chèvre, où il supprime le foulage à la main, lequel est mieux fait, sans jamais déchirer les peaux, ce qui arrive souvent avec les pilons. Il rend également beaucoup de service, au travail de rivière, où il économise presque complétement les façons de fleur, foulant et dérasant les peaux sans les altérer.

Ce turbulent foulon a obtenu une médaille de bronze à l'Exposition universelle de 1867, et il nous a paru devoir mériter une mention toute spéciale.

27 LAINÉ (Jean), Pont-Audemer.

2 cuirs forts.

La fabrication du cuir fort est excellente et de première qualité, comme on sait, à Pont-Audemer. Depuis les temps les plus anciens, cette localité a été un centre de la tannerie française, qu'elle représentait avec éclat à l'étranger, par ses produits fort recherchés. Pont-Audemer n'a pas dégénéré, et l'on peut affirmer sans craindre d'être démenti, que, dans toutes ses fabriques, le travail du cuir fort est exécuté avec une rare perfection. De ce nombre est l'établissement de M. Lainé, un des bons tanneurs de la localité.

127 LAMBEAU-BAMLEAU, Wavre (*Belgique*).

2 douzaines de chèvres chagrinées et lustrées, pesant 7 kil. 100; **Les grandes** pesant, chacune, 46 déc.; les petites, 40 déc.

Cette maison a une réputation, justement méritée, pour la fabrication des peaux de chèvre lissées et chagrinées, qui constitue sa spécialité. Ses produits sont fort estimés, en Belgique comme en France, où ils sont fort demandés. Au reste, le nom de M. Lambeau-Bamleau est très connu sur nos marchés; il est sa propre marque de fabrique.

141, 142 et 143 LANGLOIS, Paris, avenue d Italie, 70.

Articles pour chaussures et cochers; — Revers de bottes.

Ce fabricant a une spécialité pour la fabrication des tiges, avant-pieds, revers de bottes et articles pour cochers.

Par ses produits exposés, il est facile de constater le degré de perfection qu'obtient ce fabricant sous le rapport du fini et de la qualité.

151 et 152 LASKER, Freiburg (*Baden*).

3 douzaines de veaux cirés.

Ce fabricant se distingue par son excellente fabrication, et ses produits sont fort estimés. Ils sont le type de la bonne fabrication allemande, si remarquable par le choix de la matière elle-même et par les soins apportés au travail du tannage et de la corroierie. Les veaux cirés qui sont exposés en sont une preuve incontestable.

161 LANTZ, Paris.

Inscrit, n'a pas exposé.

LANNIER DIT BERRY, à Paris.

Nous regrettons de n'avoir pas eu a juger les produits de ce fabricant, dont nous connaissons la fabrication et dont nous avons pu apprécier le mérite.

78 et 79 LEBEL-DELAUNAY et WILLE, à la Suze (*Sarthe*).

Veaux cirés et chevaux corroyés.

La spécialité de ce fabricant se borne au cheval corroyé et aux veaux cirés, et il en connaît parfaitement bien le travail. Le cheval qui sort de sa corroierie a la chair rase et unie, et offre une grande souplesse; la colle en est bien distribuée, pas trop brillante, mais elle est légèrement grasse et solide au montage. Quant aux veaux, trop étendus relativement à leur poids, ils sont francs, souples, bien finis et très avantageux à la coupe. Ce sont ces qualités, fort rarement réunies, qui distinguent la fabrication de M. Lebel-Delaunay, dont la réputation, justement établie, est devenue des plus considérables.

64 et 65 LEBRUN, Châteaudun (*Eure-et-Loir*).

2 côtés vaches lissées ;
2 côtés mâles ;
2 croupons vaches en huile ;
12 veaux blancs.

Nous trouvons dans les produits de ce fabricant un travail consciencieusement fait, sous tous les rapports; ils représentent la fabrication ordinaire qu'il obtient, par les anciens procédés et un séjour suffisant en fosse, sans aucune préparation extraordinaire.
Ses veaux blancs sont très réussis.

43 LEFRANÇOIS, Gentilly, rue Sainte-Hélène, 8.

Parchemins exposés.

On sait que la parcheminerie a joué un grand rôle, pendant le moyen-âge, époque où elle était arrivée à la plus grande perfection. Sa fabrication est bien déchue aujourd'hui, parce que l'emploi de ses produits est fort restreint. Elle n'en a pas moins encore quelques représentants, qui pourraient rivaliser avec leurs ancêtres. De ce nombre est M. Lefrançois, dont les parchemins, qui sortent de ses ateliers, sont remarquables par la finesse, la souplesse et la solidité. Ces qualités sont plus ou moins marquées, selon que le produit fabriqué est destiné, soit à la filature, soit à la reliure, soit à la miniature, qui com posent la spécialité de M. Lefrançois.

22 *bis* LEMASSON, Coutances (*Manche*).

Parchemins blancs et de couleur.

Ce fabricant a étendu le domaine de la parcheminerie moderne, par une étude sérieuse de l'application de ses produits, aux divers besoins de notre société. Il a créé, en quelque sorte, le parchemin de couleur, dont l'emploi n'existe nulle part avant lui. On sait que de nos jours le parchemin en couleur sert, non-seulement à l'ornementation de certains ouvrages de luxe, tels que les brides des chevaux de parade, sur lesquelles il forme des rosaces de diverses couleurs, mais encore à divers travaux, se rattachant à un grand nombre de petites industries composant l'article fantaisie. Sous les rapports de cette fabrication, M. Lemasson peut être considéré comme un des maîtres, et sa maison comme la première en ce genre.

Il suffit, au reste, d'ajouter qu'en 1853, les fabricants de Coutances ont obtenu de S. M. l'Empereur une médaille de vermeil, décernée à la ville pour sa fabrication de parchemins.

36 LEMOINE, Paris, rue du Poliveau, 25.

2 cuirs en croûte.

La maison Lemoine est une des plus anciennes du quartier de la tannerie parisienne, où elle occupe un rang distingué. On connaît ses produits sur nos marchés et dans nos halles aux cuirs; ils y sont fort appréciés, parce qu'ils méritent de l'être. En effet, rien de mieux réussi, sous le rapport du tannage, de la couleur et de la fermeté. Un travail consciencieusement fait, joint à l'intelligence et aux soins de la fabrication, explique cette notoriété industrielle.

130 LESAULNIER frères, Paris, rue Censier, 31.

4 chevaux corroyés.

Les produits de cette maison, composés de peaux de cheval corroyé, ont été admis à l'Exposition universelle de 1867, dans la classe 45, sous le n° 15. En disant que c'est une des meilleures que nous possédions, sous le rapport de la fabrication du cheval corroyé, nous ne faisons que confirmer l'opinion publique. Aussi, tous ses produits sont remarquables par la souplesse, le finissage de la chair et de la colle, c'est-à-dire par les qualités qui distinguent essentiellement la peau de cheval bien corroyé. Le jury de l'Exposition du Champ-de-Mars les a reconnus, et a récompensé MM. Lesaulnier, en leur décernant une médaille de bronze. Il nous semble, tout en respectant la décision du jury international, qu'ils méritaient beaucoup mieux.

171 LESPINASSE, Bergerac, au Faubourg.

3 croupons gris:
2 pour empeignes;
1 croupon pour cartier.

Fabrique spécialement l'article pour sabots. Les croupons exposés sont d'une bonne fabrication ordinaire; M. Lespinasse est un des bons tanneurs de son pays.

24 MARCELOT, Paris, rue Poliveau, 31.

Inscrit, n'a pas exposé.

Ce fabricant a été admis à l'Exposition universelle de 1867, dans la classe 46, sous le n° 48, pour tiges de bottes, cuirs de veaux pour cardes et pour empeignes. Pour ses veaux sa maison de tannerie et de corroierie est une de celles où le travail est des plus soignés et dont la bonne réputation est solidement établie. Nous n'avons qu'un regret, c'est que l'exposition de la *Halle aux cuirs* n'ait pu offrir à ses visiteurs quelques-uns des produits de ce fabricant, qui figure au nombre des maisons qui sont à la tête de l'industrie des cuirs.

1 MAHIEUX-FAMIN, Méru (*Oise*).

> 1 cuir en croûte ;
> 2 cuirs noirs en suif ;
> 2 croupons.

Excellente maison, dont la fabrication ne laisse rien à désirer. Ses produits, irréprochables sous le rapport du travail, sont fort recherchés sur nos divers marchés. Aussi, portent-ils le cachet de la bonne tannerie, à laquelle ils peuvent servir de type.

34 MARTIN, Paris, rue Censier.

Inscrit, n'a pas exposé.

Le travail de cette maison est soigné et consciencieusement fait. Nous regrettons que ses produits n'aient pas figuré dans notre Exposition. Ils n'auraient pas été déplacés au milieu de tous ceux qui y ont occupé un rang distingué. C'est donc un des représentants de la bonne et consciencieuse fabrication, qui nous a fait défaut dans l'exhibition industrielle de la *Halle aux cuirs*. On sait que la maison Martin fabrique spécialement le gros bœuf pour courroies, dans lequel elle excelle particulièrement.

22 MAURICE, Château-Renault (*Indre-et-Loire*).

> 1 bande mâle, 8 mois de fosse, battue, 2 poudres ;
> 1 bande vache, 9 mois de fosse, battue, 2 poudres ;
> 1 bande mâle, 13 mois de fosse, battue, 3 poudres ;
> 1 bande vache, 9 mois de fosse, 2 poudres ;
> bande vache, 9 mois de fosse, lissée et non battue.

Tous ces cuirs sont sans apprêts et représentent le type de la vente journalière de la maison ; ils n'ont subi d'autre travail que celui de l'écorce du chêne et celui des bras. La maison peut livrer toujours de semblables produits. Ses cuirs lissés sont réellement supérieurs, comme tannage et comme lissage, lequel est tout à fait hors ligne, sous le rapport de l'égalité de la nuance et de la couleur. Après examen fait des articles exposés, nous devons reconnaître que la bande mâle, n'ayant eu que huit mois de fosse et deux poudres, laisse à désirer pour le tannage, précisément parce que ce cuir n'a pas été suffisamment nourri ; mais il est d'un bon rapport. Toujours est-il que la maison Maurice travaille sérieusement, elle est appelée certainement à prendre un rang important parmi les maisons qui ont les meilleures marques dans la fabrication des cuirs.

102 **MÉHAIGNERY**, Saint-Martin (*Ile-de-Ré*).

Cuirs imperméables et 2 pièces perméables, pour bottes de pêche et bottes marines.

Cette maison se recommande d'abord par son origine, qui remonte de père en fils, tous tanneurs, à l'année 1537. Quant à sa fabrication, elle a toujours progressé jusqu'à nos jours. Les tiges imperméables exposées, qui sont une de ses innovations, ont été fabriquées de la même manière que le cheval corroyé pour empeignes, l'effleurement excepté. Quant au passement, il s'opère de la même manière que celui du cuir noir employé dans la bourrellerie. Leur imperméabilité est obtenue au moyen d'une mixture, composée de caoutchouc, d'huile de lin, de térébenthine, de goudron, de suif, de résine, de cire vierge et de blanc de baleine, dans des proportions déterminées par l'inventeur, M. Méhaignery. Ce procédé, dont quelques-uns des éléments chimiques sont empruntés à d'autres procédés d'imperméabilité, n'en mérite pas moins une considération spéciale par les résultats obtenus. Ce fabricant a obtenu, à l'Exposition régionale de la Rochelle, en 1866, une médaille de bronze et un diplôme d'honneur.

39 MEURDRAC (Paul), aux Andelys (*Eure*).

4 bœufs en croûte, 118 kil.;
2 vaches lissées, pesant 35 kil.;
4 croupons pour courroies, 37 kil.;
3 veaux blancs;
4 veaux cirés;
2 veaux en croûte.

Cette maison se distingue par sa bonne fabrication, dont les produits exposés sont des spécimens très remarquables. M. Meurdrac est un tanneur sérieux, et qui apporte à son travail de tannerie les soins les plus consciencieux. En venant figurer dans notre Exposition, il a voulu que ses œuvres, comme celles de ses confrères, fussent jugées et appréciées à leur juste valeur. Aussi a-t-il demandé que l'administration de la *Halle aux cuirs* décernât des médailles, à l'exemple des Expositions universelles et régionales. Une récompense obtenue, en effet, sur le jugement de ses pairs, ne saurait être que plus honorable, surtout au point de vue d'une Exposition exclusivement spéciale, comme celle de la *Halle aux cuirs.*

168 et 170 MILLET, à Saint-Ouen-l'Aumône.

4 bandes de cuir de Hongrie;
2 bandes de cuir noires.

Ces cuirs sont sans apprêt et sont bien le type de la fabrication courante de cette maison. Le cuir de Hongrie est écharné à veine découverte, il est bien passé à l'alun, pas chargé de sel, et il nous paraît avoir été mis en suif sec de fond, ce qu lui donne sa qualité.

La vache à couture renferme tout ce qu'on peut attendre d'un fabricant sérieux : sèche, nourriture, souplesse et durée.

Le cuir noir est d'un tannage profond, il a la nourriture nécessaire et peut être recommandé aux grandes usines pour courroies.

Au surplus, cette maison, qui date d'un siècle, a toujours vendu de bons produits; sa réputation n'a fait qu'augmenter avec les années.

149 MOULIA, à Paris.

Cuirs de Hongrie et housses.

Cette maison peut-être considérée comme une de nos premières fabriques de cuirs de Hongrie et de housses.

Ses produits exposés ont un mérite incontestable, sous tous les rapports ; ses cuirs de Hongrie sont rasés et finis dans la perfection, ils nous paraissent avoir une qualité exceptionnelle ; au reste, la réputation dont joûit cette maison nous permet de nous abstenir de tous autres commentaires.

48 et 49 NÈGRE frères, Castelmoron.

6 veaux corroyés ;
2 bandes mâles lisées.

Ce fabricant a, comme corroyeur, une réputation justement méritée. Ses produits sont irréprochables, sous le rapport du travail et des soins apportés à leur fabrication. Aussi, a-t-il obtenu des mentions honorables aux trois dernières expositions régionales de la ville de Bordeaux, où ses produits ont figuré avec bonneur.

112 NURÉNA, Paris, chemin des Moulins-des-Prés, 27 (Maison-Blanche).

Inscrit, n'a pas exposé.

Cette maison se distingue par la bonne réputation acquise dans le travail de la tannerie et de la corroierie. Elle n'a pas exposé à notre *Halle aux cuirs* ; et quoique nous ne puissions mettre sous les yeux des visiteurs quelques-uns de ses produits qui nous font défaut, nous pouvons affirmer par nous-mêmes que les produits de sa fabrication sont remarquables par plusieurs de leurs qualités, et notamment par celle des couleurs, pour lesquelles M. Nuréna a souvent fait des tours de force. Cette maison fabrique spécialement les cuirs pour l'équipement militaire.

121 et 122 **PARIS**, Paris, rue des Cordelières, 11.

1 douzaine de veaux mats en noir;
2 douzaines de veaux mats en blanc.

La réputation de la maison Pâris pour la fabrication des veaux mats ou mégis est solidement établie, depuis longues années. On sait que les veaux mats sont employés pour chaussures, et que la cordonnerie en fait un grand emploi. Aussi, la bonne confection fait-elle usage, surtout pour les articles de première qualité, des produits remarquables de cette maison. Les veaux mats en blanc ont surtout un cachet particulier, qui les fait rechercher de préférence à tous autres.

10 **PARAYRE** et **COSTE**, Céret (*Pyrénées-Orientales*).

1 bande de cuir de Garrouille, pesant 17 kil. 500;
1 bande de cuir de Garrouille, ayant un an de fabrication;
1 bande de vache.

M. Parayre a été vingt ans contre-maître avant **1861**, époque où il a fondé son établissement en société avec **M.** Coste. Ces deux fabricants ont des connaissances pratiques, qui ressortent évidemment dans la confection de leurs produits. Ainsi, leur tannage est bon; et s'il laisse quelque chose à désirer, c'est sous le rapport de la couleur et quelque peu aussi sous celui de la main-d'œuvre. Quant à la couleur un peu terne de leurs cuirs, c'est à l'emploi de la racine du chêne vert, à la place du tan, qu'il faut l'attribuer, plutôt qu'au manque d'habileté des fabricants. Nous en trouvons une preuve dans la bande de vache, qui est remarquable par son bon tannage et par sa belle couleur noisette.

44 **PARQUET**, Paris.

Inscrit, n'a pas exposé.

Les produits de ce fabricant ne figurent pas à notre exposition; il nous est donc impossible de les apprécier *de visu*. Nous pouvons dire seulement qu'ils sont assez estimés. Ils ne sortent pas des bornes de la fabrication ordinaire.

28 PÉLISSIER aîné, Paris, rue Pascal, 23.

12 croupons vaches corroyés.

Les produits de ce corroyeur se recommandent par le travail du lissage, dans le quel M. Pélissier excelle, d'une façon toute spéciale ; ce qui témoigne des soins qu'il apporte lui-même à sa fabrication.

Cette maison, par sa consommation et ses affaires, a acquis aujourd'hui beaucoup d'importance, et ses produits sont très-appréciés sur la place de Paris.

172 PÉRATHON jeune, Aubusson (*Creuse*).

2 vaches sèches en poils, pesant ensemble 26 kil.;
4 peaux de mouton sèches, pesant ensemble 7 kil.;
4 veaux en poils, pesant ensemble 6 kil. 5 ; poils moyen ;
La douzaine, 20 à 22 kil.; un tiers femelles.

Cette maison est renommée pour la vente des cuirs en poils et pour sa spécialité de veaux de la Creuse. La qualité des articles exposés est vraiment supérieure. Ses tarifs ne sont pas très élevés. Ainsi, la vache sèche sus-énoncée est fixée à 1 fr. 90 c. à 2 fr. 10 le kilog.; les peaux de mouton sèches à 2 fr. 10 le kilog., avec laine plus ou moins longue ; les veaux en poils à 4 fr. 60 le kilogramme. Cette maison passe à bon droit pour traiter les affaires avec la plus grande loyauté Elle a été admise à l'Exposition universelle de 1867, sous le n° 69, pour des peaux de vache lissées ; peaux de veau blanches et cirées ; peaux de cheval corroyées. Le jury lui a décerné une médaille de bronze.

32 QUANONNE FORTUNÉ, Tournay (*Belgique*).

Ce fabricant a été admis à l'Exposition universelle de 1867, dans la classe 46, sous le n° 14 qui porte cette désignation : *Exposition collective des tanneurs et corroyeurs de Tournai.* Il figure dans ce groupe, pour des vaches lissées et veaux corroyés. Il a eu sa part d'une médaille de bronze qui a été décernée à *l'industrie de la tannerie de Tournai,* dont il a été un des trois exposants. De plus, il a obtenu une médaille d'ar gent sous son propre nom. Ses produits exposés à la *Halle* ne font que justifier du mérite de la fabrication consciencieuse de ce tanneur.

137 RAVOISIER-NOCHEZ, Sézanne (*Marne*).

2 vaches en croûte.

Ces vaches sont le produit d'un tannage accéléré; leur qualité n'en est pas moins d'une supériorité incontestable, comparées avec les cuirs identiques qui ont subi un tannage ordinaire complet; ce qui tient essentiellement à ce que ce fabricant apporte tous ses soins au travail de la tannerie, qu'il suit et surveille avec la plus grande attention. Aussi, ses produits sont-ils fort appréciés. Le jury de Châlons-sur Marne lui a décerné une mention honorable, à la dernière exposition régionale qui a eu lieu dans cette ville.

157 et 158 RENAUDET, à Bain-de-Bretagne (*Ille-et-Vilaine*).

4 côt's bœufs Madagascar en croûte, provenant de cuirs secs;
2 vaches Buenos-Ayres en croûte;
6 chevaux Buénos-Ayres en croûte;
5 vaches Bretagne en croûte.

L'établissement de ce fabricant n'existe que depuis 15 ans; il produit de 5 à 6,000 cuirs par an, lesquels sont fort estimés dans le commerce. La fabrication de la maison Renaudet occupe un rang honorable dans la tannerie.

21 *bis* REULOS, Paris, rue Geoffroy-St-Hilaire, 15.

Inscrit, n'a pas exposé.

Ce fabricant ne figure pas à l'Exposition de la *Halle aux Cuirs*; mais il a été admis à l'Exposition universelle de 1867, dans la classe 46, sous le n° 7, pour un cuir de cheval.

La maison Reulos est fort ancienne; elle est une des premières qui ait donné au travail du cuir de cheval le plus d'extension, tout en lui faisant faire de véritables progrès.

Aussi, sa réputation pour cet article est-elle solidement établie. Ses produits sont fort estimés, et nous regrettons de ne pas les voir à notre exposition; ce qui eut permis de constater combien le mérite de ce fabricant a été méconnu à l'Exposition du Champ de-Mars, où il ne lui a été décerné qu'une médaille de bronzé.

31 RICHARD, à Saint-Julien-du-Sault (*Yonne*).

6 veaux en croûte;
1 cuir fort en croûte.

Le cuir fort en croûte de ce tanneur est d'une bonne et sérieuse fabrication, le tannage est parfait, la fermeté est remarquable; les veaux témoignent aussi du mérite de ce fabricant dont la réputation justement acquise ne laisse pas que d'être très-répandue; aussi ses produits sont-ils très estimés.

109 RICQUE, Montivilliers.

1 bande de cuir de Hongrie pour harnais, pesant 14 kil. 5.
1 bande de cuir de Hongrie, dérayé pour couture, 5 kil.;
1 bande de cuir de Hongrie pour lannières et tirants, 12 kil. 5.

La maison Ricque est surnommée pour ses cuirs hongroyés, et cela à juste titre. Les produits qu'elle a exposés et qui sont préparés au suif seulement, peuvent rester à l'eau vingt-quatre heures sans se ramollir, ce qui est une preuve incontestable d'une bonne fabrication. Ses tarifs sont ainsi établis: la bande de-cuir de Hongrie pour harnais, 2 fr. 20 c.; — la même, dérayée pour couture, 3 fr. 20 c.; — la même, pour lanières et tirants, 3 fr. 10 c.

123 et 124 RIVIÈRE, Paris, rue du Fer-à-Moulin, 32.

Maroquins de toutes nuances.

Cette maison ne laisse rien à désirer, sous le rapport des soins qu'elle apporte à sa fabrication. Tous ses produits sont remarquables par leurs couleurs solides et variées. On trouve, réunis dans ses maroquins, la souplesse, le brillant et la netteté qui, par la nature du travail qui les produit, touchent à l'art. Cette maison fabrique spécialement les articles pour tapisserie, carrosserie et reliure. Aussi, la maison Rivière est-elle regardée comme une de celles qui représentent avec le plus d'éclat la maroquinerie française.

11 et 12 ROBELIN père et fils, Lonjumeau.

2 côtés vaches lissées ;
2 cuirs forts ;
1 croupon pour semelles.

Ce fabricant a conservé les vieilles et bonnes traditions de la tannerie française. Les articles exposés, comme tous ceux qui sortent de son établissement. ont de quinze à dix-huit mois de cuves. Aussi, ses produits sont-ils fort estimés et se vendent-ils généralement sur la place de Paris, où ils sont très recherchés. Ils ne doivent, au reste, cette préférence, qu'aux soins consciencieusement apportés à leur fabrication. Nous avons trouvé dans les articles exposés toutes les qualités requises, tannage a fond, grain serré et fini, couleur, fermeté et lissage parfait. Sous ce rapport, la maison Robelin mérite une mention toute particulière et se place elle-même à un des premiers rangs de la tannerie moderne.

7 ROUSSEL, Tournai (*Belgique*).

6 bandes vaches lissées, dont 4 bandes de pays, pesant 20 kil., et 6 bandes étrangères, pesant 12 kil.

La maison Roussel se rattache, par son origine, à l'excellente fabrication flamande qui a brillé d'un si vif éclat, et dont elle a conservé les bonnes traditions. La corporation des tanneurs et corroyeurs de Gand et de Tournai a laissé de si nobles souvenirs, qu'il est superflu de les rappeler ici. M. Roussel appartient de cœur, par goût et par amour de son art, à ces vieux tanneurs flamands qui firent la gloire de leur pays, par le dévouement qu'ils apportèrent à la défense de ses franchises. Aussi, les produits qui sortent de ses fabriques portent-ils le cachet de la perfection. Médaillé à l'Exposition de Londres, en 1862, à celle de Paris, en 1855, il a figuré à l'Exposition universelle de cette année, 1867, sous le n° 14 des cuirs et peaux de la Belgique, à deux titres différents; d'abord, sous le nom de l'*Exposition collective des tanneurs et corroyeurs de Tournai*, comprenant MM. Cherquefosse, Quannone et Roussel, à laquelle il a envoyé des cuirs tannés ; ensuite, sous son propre et privé nom. Il a eu sa part d'une médaille de bronze décernée à l'industrie de la tannerie de Tournai, et a obtenu une médaille d'argent en son propre nom ; ses produits peuvent prendre rang parmi ceux de nos premières maisons de France.

20 ROUSSEL-LAGRAVE, Paris, rue de Flandres, 47.

2 peaux de veaux ;
2 chèvres ;
1 courroie de 8 mètres.

Tous ces articles sont le produit d'un tannage accéléré, auquel ce fabricant donne le nom de *zimologie* et qu'il explique de la manière suivante :

Sa découverte consiste, au moyen de combinaisons diverses, à obtenir de l'écorce de chêne des quantités de tannin jusqu'alors inconnues.

Les tannins qu'il obtient ont des propriétés fermentescibles qui donnent naissance à des produits supérieurs ; ils ont, de plus, pour résultat, d'apporter une grande économie dans l'emploi de l'écorce de chêne.

Les grosses peaux sont tannées en six mois, les vaches en quatre, et les veaux en deux ou trois mois.

Alors qu'il est employé 5 kilog. de tan pour 1 kilog. de cuir sec tanné, M. Roussel, par son procédé, n'emploie que 3 kilog. Ses produits exposés nous paraissent réunir toutes les qualités désirables de beauté, de rapport, de solidité et d'usage.

99 RUDEUIL-BOYER, Limoges.

1 vache lissée.

Cette maison fabrique spécialement la vache à semelles. Ses

produits ont le cachet particulier qui distingue toutes les spé-
cialités; c'est-à-dire qu'ils sont soignés et d'une fabrication
irréprochable. Ils sont considérés, dans le commerce, comme
étant le type d'une marchandise courante et de bon aloi. Aussi,
leur écoulement est-il des plus faciles, la demande étant supérieure à l'offre. Tous les articles de cette maison trouvent
des acheteurs sur les marchés de la localité.

129 ROUXEL, Saint-Brieuc *(Côtes-du-Nord)*.

2 cuirs forts.

La maison de M. Rouxel fils est très ancienne; elle fabrique
des cuirs forts depuis 1786, époque où M. Rouxel père la fonda
dans cette spécialité. Pendant 80 ans, elle n'a cessé de perfectionner cette branche très importante de la tannerie. Les
cuirs exposés (Saladeros de Montevideo), sont tannés avec une
rare perfection et offrent un poids de 69 p. 100, qui est un
bon rendement. M. Rouxel a obtenu plusieurs médailles aux
différentes Expositions qui ont eu lieu dans son pays; il n'a
jamais exposé ailleurs.

104 SALADIN, Paris, rue Sauval, 9.

Veaux cirés;
Tiges;
Derrières.

Sa maison fabrique spécialement le veau ciré, les tiges de
bottines, avant-pieds, pour Paris et l'exportation. Ces produits
sont, en général, très minces, et ils exigent, par conséquent, un
soin extrême, qu'il faut apporter sans cesse pendant tout le
cours de la fabrication. Nous devons ajouter que cette fabrication, consciencieusement exécutée, est réellement supérieure.

72 SERVIN, ASSEGOND et Fils, Paris, rue Belle-
fond, 18.

ÉQUIPEMENTS MILITAIRES
1 croupon, cuir noir.

Cette maison, bien connue pour ses produits de cuir noir, et dont la bonne réputation est solidement établie sur le marché de Paris, fabrique spécialement les cuirs propres à l'équipement militaire. Elle opère sur une grande échelle, et d'une façon toute spéciale. Le travail du cuir noir exige, comme on sait, beaucoup de soins, une rare habileté et une intelligence peu commune, pour qu'il s'accomplisse dans de bonnes conditions de fabrication. Les produits de l'établissement Servin, Assegond et fils, ont un degré incontestable de supériorité; mais les conditions de fabrication les rendent peu propres à une Exposition ; aussi, est-ce dans les magasins de ces Messieurs qu'il est permis d'apprécier leur bonne et sérieuse manière de faire.

87 SERVOINGT fils, Paris, rue Mouffetard, 180.

Veaux mégissés ;
Veaux maïs.

Ce fabricant a la réputation, justement méritée, de soigner les produits qui sortent de son établissement. Sous le rapport de la qualité et du travail, ils ne laissent rien à désirer. Ils se distinguent, en effet, par la souplesse, la netteté et la la blancheur; en un mot, par le finissage qui constitue la bonté et la beauté de la peau mégissée. Les articles que cette maison livre au commerce sont semblables à ceux qui sont exposés.

41 SIMON-PICARD, Paris, rue des Deux-Portes-Saint-Sauveur, 15.

Veaux cirés ;
Chèvres à grains.

La fabrication de la maison Simon-Picard a une grande notoriété sur la place de Paris, soit par le nombre et l'importance de ses produits, soit par les soins qu'on y apporte à les rendre irréprochables en qualité. On sait combien le travail des chèvres est méticuleux, surtout celui des chèvres à grains. Pour qu'il soit effectué dans de bonnes conditions, il faut beaucoup de soins et une grande habileté. Or, la maison Simon-Picard a la spécialité de ce travail, et, de plus, elle a acquis la réputation de produire cet article dans des conditions de fabrication irréprochable. Aussi, en a-t-elle presque exclusivement le monopole pour l'exportation, surtout pour les chèvres mates à grain et les maroquins.

69 **STEIDLE** et **BUHLER**, à Ulm *(Wurtemberg)*.

6 veaux cirés, tannés et corroyés pour chaussures.

Ces fabricants ont été admis à l'Exposition universelle de 1867, sous le n° 10, du royaume de Wurtemberg, pour des cuirs blancs de veaux blancs et cirés. Le jury des récompenses leur a décerné une mention honorable. Leur établissement d'Ulm est renommé par sa belle et bonne fabrication; et il jouit, en Allemagne, d'une grande considération, à cause de la perfection de ses produits, qui sont, en outre, bien appréciés en France. Ceux qu'ils livrent à la consommation sont semblables à ceux qui sont exposés, et qui peuvent servir d'échantillons. Le tannage est bon, la souplesse excellente; le fini et la distribution de la colle témoignent aussi des soins de ces fabricants.

60 et 61 **TAOC** frères, Muzillac (Morbihan).

4 bandes baudrier du pays;
6 vachettes bretonnes;
6 chevaux étrangers.

Cette maison apporte tous les soins à la fabrication de ses produits. Tous les efforts qu'elle fait pour les rendre aussi parfaits que possible, sont, au reste, couronnés de succès, puisqu'ils lui attirent la confiance et les félicitations des acheteurs. Aussi, la tannerie des frères Taoc est-elle appelée à un bel avenir, par les développements qu'elle ne peut manquer de prendre, établie qu'elle est sur les bases solides d'une bonne renommée.

74 et 75 TABARDEL (Veuve), Paris.

Inscrit, n'a pas exposé.

Nous ne pouvons qu'exprimer nos regrets que cette honorable et importante maison ne figure pas à notre Exposition. Ses produits en veaux mats occupent le premier rang sur notre place de Paris, en même temps que son importance la fait figurer au nombre de nos premières maisons.

76 TAVERNIER, Paris.

6 côtés cuir de Hongrie.

Cette maison peut être regardée comme une des premières pour la fabrication du cuir de Hongrie. Il suffit, au reste, d'examiner les produits exposés, pour se rendre compte des soins apportés à leur travail. Ses cuirs rasés supérieurement ont un fini remarquable. On sait combien le hongroyage exige de minutieuses précautions; pour le réussir, il faut une grande pratique et une habilité peu commune. On ne s'étonnera donc point que les articles qui sortent de l'établissement de M. Tavernier soient très-appréciés, et ils le sont à bon droit sur la place de Paris.

156 THIERRY frères, à Luxeuil.

Inscrit, n'a pas exposé.

Il est à regretter que ces fabricants n'aient pas envoyé leurs produits à notre exposition de la *Halle aux Cuirs*. Ils y auraient certainement figuré avec avantage. Nous n'apprendrons rien aux commerçants des cuirs, comme aux acheteurs des produits de la tannerie, en disant que la maison Thierry frères, de Luxeuil, est une de celles qu'on peut placer au premier rang, parmi les maisons qui fabriquent le même article.

42 VALENTIN, Paris, rue Censier.

2 Capotes ;
1 Croûte.

Cette maison occupe le premier rang dans la fabrication des cuirs pour capotes. M. Valentin, qui l'avait créée et élevée à ce haut degré de prospérité, est mort regretté et estimé de tous ceux qui l'ont connu.

Il a eu pour successeurs et pour continuateurs MM. Cauvain et Varin, qui ne peuvent que soutenir la vieille réputation qu'avait déjà acquise sa fabrication. Les produits de cette maison ont été admis à l'Exposition universelle de 1867, sous le n° 35, pour des cuirs tannés pour capotes et pour courroies ; le jury des récompenses lui a décerné une médaille de bronze.

46 et 47 **VALLÉE** et **BERNARDEL**, Saint-Germain-en-Laye.

> 6 veaux blancs ;
> 6 veaux cirés ;
> Empeignes et coude-pieds ;
> 4 bandes empeignes ;
> 5 paires de tiges veaux blancs ;
> 12 paires de tiges veaux noirs.

Les articles exposés sont le produit d'une excellente fabrication ; et, sous le rapport du travail de corroierie, ils ne laissent rien à désirer. Ils suffiraient donc, seuls, pour faire l'éloge de la maison dont ils sortent, si l'on ne savait déjà que la réputation de cette dernière est justement fondée sur son mérite réel et l'excellence de sa fabrication, depuis longues années.

29 et 30 **VARIN** (Adolphe), **Paris**, rue Geoffroy-Saint-Hilaire, 16.

> 1 capote en croûte;
> 2 cuirs forts ;
> 1 veau en croûte.

Ce fabricant a été admis à l'Exposition universelle de 1867, sous le N° 28 de la classe 46, pour des cuirs forts pour semelles ; peaux de vaches pour capotes de voiture ; peaux de veau. Le jury des récompenses lui a décerné une médaille de bronze. On nous a fait savoir à cet égard que, lors du passage de la commission, M. Varin, n'ayant pu être présent, par suite d'une convocation tardive, une personne étrangère à la commission avait laissé penser que les veaux de M. Varin, en raison de leur souplesse et de leur beauté, avaient reçu une préparation de corroierie.

Nous sommes autorisés à dire que les veaux de M. Varin sont simplement tannés ; au reste M. Varin ne s'est jamais occupé de corroierie ; mais cette erreur a pu néanmoins avoir une certaine influence sur la décision du jury.

La maison·Varin (Adolphe) est très-ancienne et a joui toujours d'une réputation justement méritée pour ses travaux de tannerie. Les produits de sa fabrication, supérieurement belle et bonne, ont été toujours bien appréciés. Ils le sont encore aujourd'hui, comme par le passé.

118 VARIN (B^e) Paris.

Inscrit, n'a pas exposé.

Cette maison n'a pas envoyé ses produits à notre Exposition de la *Halle aux cuirs* ; nous le regrettons pour l'Exposition elle-même, et pour les visiteurs qui auraient pu admirer des articles d'une fabrication portant le cachet d'une grande supériorité.

8 VERGER aîné, Pont-Audemer (*Eure*).

4 côtés de cuir fort pour semelles ;
2 cuirs.

Ce fabricant, qui a la spécialité du travail des cuirs forts, se tient au courant des progrès accomplis dans l'art de la tannerie. C'est ainsi que dans son établissement, il a installé des machines à vapeur, un moulin à tan avec son hachoir, un marteau mécanique, un foulon et une distribution d'eau et de jus. Nous ajouterons que, sous le rapport de la supériorité du tannage, sa réputation n'est égalée que par celle de son frère Charles Verger; en effet, les cuirs exposés ont une fermeté, une blancheur, qui égalent les meilleurs produits de cuirs forts de Givet. Aussi, ont-ils obtenu, sous le nom de Verger frères, une mention honorable à l'Exposition universelle de Londres, en 1862. Quant à M. Verger aîné, le jury des récompenses lui a accordé une médaille d'argent, grand modèle, à l'Exposition régionale de Rouen, en 1859; le jury de Nantes, une médaille de bronze, à l'Exposition nationale de 1861.

38 VERGER (Charles) Pont-Audemer.

2 côtés cuirs forts pour semelles.

Cette maison, comme celle de son frère aîné, est une des plus importantes, pour la fabrication des cuirs forts pour souliers de chasse, de pêche et de marine. La réputation de ses produits est très étendue et justement méritée. Aussi, les jurys des Expositions l'ont-ils sanctionnée par de nombreuses récompenses. Celui de Rouen, en 1858, décerne à M. Verger (Charles) une médaille de vermeil; celui de Nantes, en 1861, à l'Exposition nationale, une médaille de bronze; et celui de Londres, en 1862, une mention honorable. Ce qui distingue les produits de cette maison, ce sont la bonté de son tannage et le choix hors ligne de ses cuirs qui, après avoir subi le travail du tannage et les diverses opérations accessoires qui le complètent, sont compactes, homogènes et distingués par leur grain très-fin. On comprend qu'ils soient fort recherchés sur les divers marchés de France.

·132 WANDELBULCKE, Lille *(Nord)*.

Veaux pour chaussures conservant le poil.

M. Wandelbulcke est l'auteur d'un système [de tannage accéléré de veau en poil, applicable à toute espèce de chaussures. Il ne s'agit pas, dans ce procédé, d'une simple peau mégissée, mais bien d'une peau tannée par un procédé nouveau et accéléré. *Accéléré* est le mot vrai, puisque ce tannage s'opère dans 15 jours. Il ne s'agit ici que de la peau pour empeignes. Nous appelons particulièrement l'attention sur ce système qui est peut-être destiné à un grand succès. *(Voir la notice spéciale.)*

57 WILLE-LAMOTHE, à la Suze (*Sarthe*).

10 bandes de cheval corroyé.

Cette maison jouit d'une grande réputation pour la fabrication des veaux cirés et du cheval corroyé ; et cette réputation lui est justement acquise. Elle est connue par les soins qu'elle apporte à la confection de ses produits, qui sont, au reste, fort appréciés et très-demandés dans le commerce. Pour ceux qui ne les connaissent point encore, nous disons que les produits exposés sont le type de ceux qu'elle fabrique et qu'elle livre journellement à la vente. Il est peu de maisons aussi solidement établies dans la tannerie que celle de MM. Wille-Lamothe. Ses produits sont remarquables sous le rapport de la souplesse, du finissage, de la chair et dé la colle.

3 ZIMMERMANN, Lyon, rue de la Quarantaine.

5 vaches battues ;
1 male battu ;
6 vaches non battues ;
12 veaux cirés, moitié femelles.

M. Zimmermann est un des premiers qui ait appliqué, avec succès, l'emploi du chataignier au tannage des cuirs, qu'il fabrique de cette façon, depuis 1851. Ce qui est digne de remarque, c'est qu'il opère ce tannage uniquement avec le bois de chataignier, c'est-à-dire sans mélange d'écorces de chêne. Le jury des récompenses lui a décerné, pour ce nouveau mode de tannage, une mention honorable, en 1865, à l'Exposition de Bordeaux. Les tarifs de vente de sa maison sont ainsi établis : Vache lissée battue ou non, sèche parfaite, 3 fr. 35 le kilog.; veaux cirés de 19 kilog., la douzaine, 8 fr. 50.

Ses Cuirs ont de la fermeté, sont tannés à fond et s'ils ne

laissaient un peu à désirer sous le rapport de la couleur, ce qui peut provenir de l'emploi de bois ayant encore un peu de verdure, ils mériteraient tous les éloges dus à une fabrication consciencieuse.

Les veaux cirés ne diffèrent en rien de veaux qui seraient tannés à l'écorce de chêne. Ils sont d'un très-bon tannage, d'une belle couleur et d'une souplesse bien suivie.